Vous n'êtes pas seul

La Nature et sa Magie

*Ce livre vous est dédié, cher lecteur.
Que la magie de la nature vous surprenne
et vous fasse vous sentir aimé et protégé...*

Remerciements

Je remercie :

Mes filles, mes parents, ma sœur, ma nièce, mon mari, Kelly et ma famille. C'est-à-dire, mon petit monde à moi, d'être et d'exister depuis et pour toujours.

Mes amis, de m'avoir accompagnée sur mon chemin de Vie et d'avoir donné tant de sens à mon quotidien.

Mes Ames pactées, de m'avoir fait sentir si chanceuse à travers ce fil rouge providentiel qui nous unit éternellement.

Vanessa et Carmen, parce que sans votre talent magique, ce livre n'aurait jamais vu le jour.

Mes mentors et toutes ces personnes si inspirantes grâce à leur sagesse que j'ai eu la chance de découvrir à travers leurs vidéos, livres, citations et conseils :

La Divinité, où se trouvent tous les Êtres de Lumière, les Anges, les Archanges et Jésus-Christ qui m'accompagnent constamment. Lourdes Serrano, Rosa Pla, María-José Cabanillas, Mabel Katz, Dr. Luc Bodin, Jake Ducey, Doreen Virtue, Jean Slatter, Nick Breau, Vittoria Veri Doldo, Ruth Alcántara, Minerva López, Carmen Cid et Zaira López.

Index

Introduction	11
Eau	13
Sel	19
Plantes et encens	25
Bougies	35
Minéraux	41
Rituels indispensables	47
Anges	51
Décrets de pouvoir	59
Vous êtes le Créateur de votre Réalité	71
Numéros magiques	75
Conclusion	79

Introduction

La nature cache des vertus divines qui la rendent magique.

Nous vivons dans un monde terrestre et spirituel où tout possède un ordre et un équilibre divins parfaits. Où rien ni personne n'existe par hasard, s'alignant à une mission de vie bien précise.

A travers ce livre, vous découvrirez la sagesse de la nature et toutes les vertus divines qu'elle possède. Elles se trouvent toutes à votre disposition pour vous servir, prendre soin de vous, vous protéger, vous soigner et prêtes à vous donner le meilleur. Vous réaliserez que vous n'êtes pas seul, que la Vie vous accompagne et vous soutient avec ses merveilleuses propriétés, et que vous faites partie de cette Unité Universelle où réside une seule et même Energie Positive.

Ce Monde ne serait pas le même sans vous, car vous avez été choisi pour le bon fonctionnement et la perfection du plan divin. Remplissez-vous de sa richesse et sa bonté et profitez de son inépuisable abondance. Cette fusion vous rendra puissant et prospère. Souvenez-vous que vous ne tolérez pas le négatif parce que vous êtes un Être de Lumière Positif, donc tout ce qui vous rend heureux fait partie de vous, de cette même énergie qui vous unit. Vous n'avez besoin de rien d'autre que vous ne soyez déjà ! Il faut le ressentir et y croire...

Le monde nous offre tant d'exemples d'abondance et de plénitude pour nous aider à les ressentir, afin que nous puissions les manifester dans notre réalité !

Le besoin va dépendre de vous pour exister, sans votre permission aucune vibration négative ne peut survivre. Concentrez-vous exclusivement sur le bien et ne luttez pas contre le mal, car tout ce dont sur quoi vous ne vous vous concentrez pas disparaît.

Choisissez uniquement des pensées qui vous font du bien et vous serez votre meilleur porte-bonheur.

Avant de commencer, il est important de relever que pour qu'un rituel fonctionne, il faut s'en imprégner, sans créer de séparation avec les doutes et les craintes. Pour ce faire, il faut avoir une FOI absolue, se remplir d'amour et être convaincu que ça fonctionne. Cela vous permettra de vous retrouver sur la même fréquence que le résultat que vous recherchez, vous serez donc parfaitement aligné pour la réalisation de vos désirs.

Vous ne pourrez jamais atteindre la protection, la santé, l'argent, l'abondance, l'amour, le bonheur et la chance si vous ne croyez pas en ce que vous faites, ni n'avez confiance en son pouvoir. N'oubliez pas que votre FOI est l'élément indispensable par excellence pour que la magie opère.

Il est temps de découvrir les secrets magiques et mystérieux de la nature...

1

EAU

L'eau est ce miroir qui ne ment pas lorsqu'il vous dévoile votre reflet...

Programmation de l'eau

L'eau est le principal élément de notre corps, car nous sommes composés d'environ 70% de ce liquide pur, subtil, magique et inépuisable. Sans elle, nous ne pourrions pas vivre.

L'eau est un conducteur d'informations énergétique très puissant qui vous donnera un grand apport d'énergie pour manifester vos désirs.

N'oubliez pas que votre énergie circule là où vous mettez votre attention. Les études scientifiques du Dr Emoto ont démontré que la structure moléculaire de l'eau change en fonction des pensées que nous projetons sur elle. Par conséquent, en fonction de nos sentiments et de nos pensées, l'eau sera chargée positivement ou négativement. Cela signifie que l'eau que nous buvons influence également l'énergie et la structure moléculaire de notre corps et ce que nous émettons.

"Comme c'est à l'intérieur c'est à l'extérieur"

Si nos pensées sont capables d'affecter la forme physique de l'eau que nous ingérons, imaginez l'impact que cela pourrait avoir sur notre réalité, car nous sommes principalement constitués de liquide.

Rituel du verre d'eau

Chaque fois que vous buvez de l'eau, répétez l'une des phrases suivantes :

"Merci pour tout l'amour, la prospérité, l'abondance, le succès et la santé que cette eau augmente dans ma vie."

"Merci pour ce flux d'amour, de prospérité, d'abondance, de succès et de santé que cette eau augmente dans ma vie."

Vous pouvez également énergétiser l'eau en frottant vos mains puis en tenant le verre entre elles, tout en répétant votre phrase avant de boire.

N'hésitez pas à former votre propre phrase de gratitude pour charger votre eau de manière positive, et n'oubliez pas que **la gratitude est la clé de l'abondance**.

Si j'ai utilisé le verbe "augmenter", ce n'est pas par hasard, car le flux d'eau comme le flux d'amour, de succès, de santé, d'abondance, etc. est déjà existant et en mouvement constant dans notre corps. Cette énergie positive que nous sommes et qui nous habite n'a besoin que de votre attention pour s'harmoniser avec votre esprit et vos sentiments, afin qu'elle puisse se manifester dans votre vie.

Eau solaire

Dans la philosophie hawaïenne du Ho'oponopono*, cette merveilleuse méthode de l'eau bleue solaire est utilisée pour "effacer" les mémoires et les programmations négatives de notre subconscient.

Son utilisation a le même pouvoir que la répétition du mantra "Désolé, Pardon, Merci, Je t'aime".

Pour préparer l'eau solaire, il vous faudra :

- 1 bouteille en verre bleu foncé ou bleu clair (jamais en plastique).
- L'eau du robinet.
- 1 bouchon de liège (jamais en métal).
- Placez la bouteille d'eau au soleil pendant au moins 1 heure (jusqu'au maximum souhaité) pour qu'elle se charge des énergies et des couleurs nécessaires.

---

* Ho'oponopono : mot hawaïen qui signifie "corriger un problème".

Ensuite, cette eau solaire pourra être refroidie dans le réfrigérateur et consommée dans n'importe quelle bouteille (même si elle est en plastique). Vous pourrez également l'utiliser pour cuisiner, arroser vos plantes, vous rincer le corps et/ou les cheveux… Il est fortement recommandé de purifier votre boisson ou votre bain en y ajoutant juste un peu d'eau solaire. Mais le plus important est de boire beaucoup d'eau solaire pour purifier ces énergies et mémoires qui vous bloquent, vous empêchant de trouver la paix, la sérénité et l'équilibre nécessaires pour avancer légèrement et librement.

L'Eau Solaire sera votre meilleur allié pour harmoniser et revitaliser votre corps et votre esprit, tout en y introduisant de hautes fréquences vibratoires.

Le souffle purificateur

L'eau, étant un puissant transmetteur d'énergies, absorbe toutes les vibrations de son environnement. Par conséquent, ne buvez jamais une eau provenant d'un récipient non couvert, d'origine inconnue ou qui n'inspire tout simplement pas confiance sans souffler 3 fois dessus avant de la consommer. L'eau sera imprégnée de vos propres énergies qui neutraliseront les autres vibrations.

Eaux florales de protection

Soulagent le corps, l'âme et l'esprit.

Les eaux florales de Rue, Romarin, Bois de Santal et Palo Santo servent de bouclier de protection contre les énergies nocives, la jalousie, le mauvais œil, la malchance, etc.…

Elles peuvent être utilisées principalement comme eau de toilette, tonique, eau désodorisante et également pour le nettoyage énergétique d'objets. N'hésitez pas à arroser l'eau de votre baignoire ou même celle de votre sot pour nettoyer vos sols avec une eau florale, afin de purifier et protéger vos énergies.

L'Eau de Florida est la plus complète puisqu'elle est composée de 3 plantes (Ambre, Musc et Benjoin). En plus d'avoir les mêmes avantages que les eaux précédentes, elle est également idéale pour les rhumes, la fièvre, les maux de tête, les articulations, les piqûres d'insectes non toxiques, les pieds fatigués, les soins de la peau...

Leurs propriétés sont infinies depuis plus de 200 ans !

Parfumez votre peau, votre maison, votre bureau, votre voiture, vos objets et même vos valises et sentez-vous en sécurité, détendu et protégé.

2

SEL

La pincée essentielle pour assainir votre vie.

Le sel est le plus ancien condiment de l'histoire et l'élément le plus utilisé pour ses extraordinaires propriétés nettoyantes et purifiantes. Il est idéal pour bénir, nettoyer et protéger votre corps et votre maison des mauvaises énergies, car il a le pouvoir de les purifier et les rééquilibrer.

Je vous invite à découvrir plusieurs façons d'assainir votre vie avec cette substance magique, blanche et cristalline :

Bains de nettoyage énergétiques

Les bains de purification énergétique sont la technique la plus ancienne et la plus efficace pour purifier les énergies du corps :

Bain du corps
Plongez-vous dans un bain avec 3-4 poignées de gros sel (plus il y en a, mieux c'est) pendant environ 20 minutes. Avant de sortir du bain, prenez une douche et vous serez comme neuf.

Bain de pieds
Remplissez le récipient d'eau avec 3-4 poignées de gros sel (plus il y en a, mieux c'est), pendant 10-15 minutes. A la fin du bain, rincez vos pieds avec de l'eau propre et jetez l'autre dans les toilettes.

Si l'eau s'assombrit, dégage une odeur étrange ou devient plus chaude, pas de panique ! C'est tout simplement le processus de nettoyage, car les énergies négatives quittent votre corps.

La pincée magique

Les mauvaises vibrations ont tendance à alourdir notre cou et notre dos, provoquant des douleurs et une sensation de lourdeur. Lorsque vous remarquez ce genre de gêne, prenez une pincée de sel fin et lancez-la derrière votre cou. Vous ressentirez probablement un frisson en sentant le sel tomber sur votre dos. Ce picotement garantira le nettoyage et la libération des mauvaises énergies accumulées.
Un geste très utile, facile et efficace !

La maison et les autres espaces

Il est conseillé de purifier votre maison, votre bureau ou tout autre espace des mauvaises énergies des personnes qui sont venues vous rendre visite ou qui ont habité chez vous auparavant.
Si vous avez le sentiment qu'il y a une atmosphère "grise" et lourde dans votre foyer, avec beaucoup de querelles, d'incidents, de malchance, de conflits... vous pouvez éliminer ces énergies négatives avec ces 3 puissants remèdes très faciles à faire :

Bol de sel

- Placez des récipients tels que des verres ou des petits bols (pas en plastique) avec du gros sel aux 4 coins des pièces que vous voulez purifier ou dans un seul grand bol, par exemple, sur la table du salon.

- Changez après environ 30 jours ou chaque semaine s'il y a beaucoup de gens qui entrent et sortent, comme c'est le cas dans les magasins et autres lieux publics.

- Ensuite, si vous voyez que le sel est plus foncé, comme grisonnant, c'est qu'il a absorbé les mauvaises vibrations. N'hésitez pas à répéter l'opération jusqu'à ce que le sel reste blanc comme au départ.

Les récipients doivent toujours être en céramique, en verre ou en bois, mais jamais en plastique.

Bouteille d'eau salée

- Ajoutez 2 cuillères à soupe de sel dans un vaporisateur rempli d'eau et vaporisez dans toute la maison, le bureau, etc.
- Vous pouvez également en profiter pour nettoyer les objets ou les bijoux qui vous semblent en avoir besoin.

Verre d'eau, vinaigre et sel

- Dans un verre transparent parfaitement propre et en bon état, ajoutez 1/3 de sel marin et 1/3 de vinaigre blanc et recouvrez le dernier tiers avec de l'eau.

- NE PAS MÉLANGER, laissez reposer.

- Placez le verre dans la pièce qui doit être nettoyée ou là où vous remarquez l'énergie la plus lourde. Toujours dans un endroit où rien ni personne ne peut le toucher pendant une journée.

- Après 24 heures, jetez-y dans les toilettes.

Si l'eau est devenue grise, pétillante ou bizarre, cela signifie qu'elle a absorbé les énergies négatives.
Vous pouvez répéter l'opération jusqu'à ce que vous constatiez que l'eau reste claire.

Si vous et/ou vos enfants traversez une mauvaise période et que vous avez du mal à bien dormir, souffrez de cauchemars et d'insomnie, ce rituel vous permettra de nettoyer les énergies denses qui vous empêchent d'avoir un sommeil serein, paisible et reposant.

Verre d'eau et de sel

- Dans un verre transparent propre et en bon état, ajoutez 1/3 de sel et 2/3 d'eau.

- Placez le verre sur la table de chevet ou sous votre lit au niveau de la tête avec un morceau de papier absorbant, car l'eau pourrait déborder.

- Laissez le verre pendant plusieurs jours pour permettre au mélange d'effectuer son travail de nettoyage, ce qui pourrait faire croûter ou déborder l'eau. Répétez le rituel jusqu'à ce que l'eau ne réagisse plus et conserve son état normal. Ce qui signifiera que les mauvaises énergies ont été éliminées.

L'efficacité de ce rituel vous surprendra par les changements et les résultats si pertinents et bénéfiques qu'ils ont générés sur votre équilibre émotionnel, vous permettant de retrouver un sommeil profond et réparateur...

Utilisez les verres exclusivement pour les rituels et n'hésitez pas à les jeter si nécessaire.

Lampe de sel de l'Himalaya

Avoir une lampe de sel de l'Himalaya dans sa chambre, son salon, ou autre, est également une façon de réénergiser, nettoyer, purifier et équilibrer l'environnement, tout en apportant de grands bienfaits pour la santé :

- Filtre et réduit l'électricité statique dans l'air.

- Élimine la poussière, le pollen et la fumée de tabac.

- Participe dans la diminution des radiations électromagnétiques, il est donc conseillé de l'avoir à proximité du téléviseur, de l'ordinateur et de tout autre appareil électronique.

- Aide à mieux dormir. Si vous ne pouvez pas dormir avec la lumière allumée, laissez-la en marche toute la journée et éteignez-la juste avant le coucher.

- Stimule l'humeur et la concentration et revitalise le corps en cas de fatigue.

Sa couleur rose est due à sa forte teneur en minéraux et sa roche a pu conserver toute sa pureté en restant à 400m de profondeur, pendant des millions d'années, dans les mines de Khewra (Pakistan).

Comment fonctionne-t-elle ?

Les ions négatifs émis par la chaleur de l'ampoule réduisent les polluants dans l'air et neutralisent ainsi leurs actions nocives.

Essayez de la garder allumée chaque fois que vous le pouvez, afin que les ions négatifs puissent effectuer leur travail et qu'aucune humidité ne s'accumule.

Une alternative à cette lampe prodigieuse est le bougeoir de sel de l'Himalaya qui offre les mêmes avantages grâce au réchauffement de la roche émis par la bougie.

Une flaque d'eau peut apparaître autour de la roche, cela signifie que le sel a transformé les mauvaises énergies en eau.

C'est aussi une façon naturelle de décorer et de créer une atmosphère accueillante et chaleureuse dans la maison, pouvant même servir de veilleuse pour les plus petits. Un cadeau magique pour vos proches...

Côté hygiène, ne laissez pas la poussière diminuer ses magnifiques propriétés.

3

PLANTES ET ENCENS

La nature ne cessera jamais de vous surprendre.

Plantes purifiantes

Les plantes, ces fées qui nous guérissent, nous apaisent et nous détendent quand nous en avons besoin, deviennent nos meilleures alliées, grâce à leurs bienfaits si précieux pour notre corps mental, physique, spirituel et émotionnel. Chacune ayant sa raison d'être, reflète la perfection de la nature, avec sa force, sa puissance, sa beauté et sa sagesse. Elles apportent aussi cette touche magique à nos vies, nous imprégnant de leurs parfums tout en nous enveloppant avec douceur et couleurs.

La Rose de Jéricho

La Rose de Jéricho, également appelée Fleur Divine, en raison de ses merveilleuses propriétés ésotériques, vient de loin. La légende raconte que la Vierge Marie Madeleine l'aurait bénie lors de sa fuite de Nazareth et lui aurait donné la vie éternelle.

Les vertus protectrices de cette plante ont la capacité de convertir les énergies négatives de tout espace, comme votre maison ou votre lieu de travail en énergies positives.

Mode d'emploi :

- Placez la Rose de Jéricho dans un récipient avec de l'eau froide ou tiède.
- Au bout de quelques heures, la plante commencera à renaître en s'ouvrant et en dévoilant ses feuilles vertes.
- Changez l'eau quand elle commence à se troubler.

Elle existe en différentes tailles et vous pouvez la trouver dans les herboristeries.

Cette fleur légendaire sera votre meilleure alliée pour vous donner l'Amour, la Santé et la Chance. Un cadeau original et très spécial.

La Sauge

Cette plante sacrée utilisée depuis des milliers d'années sur le plan médicinal et spirituel, possède un énorme pouvoir de purification et de nettoyage et de nombreux bienfaits pour la santé. Elle possède un effet balsamique, antiseptique, anti-inflammatoire et astringent, sans aucune contre-indication.

Bien que l'utilisation de sa fumée provienne des chamans américains pour expulser et éloigner les mauvais esprits et toute énergie nocive, de nombreuses cultures comme l'Égypte ancienne ont également adopté une pratique similaire pour éloigner les énergies négatives.

Pour nettoyer l'aura ou un espace, il suffit de brûler un bouquet de sauge blanche séchée, attaché avec un fil de coton, dans un récipient pouvant résister à la chaleur :

- Allumez le bouquet avec une allumette et secouez-le ou soufflez doucement pour éteindre la flamme et faire sortir la fumée.

- Avec votre main, une plume ou un éventail, dirigez la fumée de haut en bas et de bas en haut le long de votre corps en visualisant comme tout ce qui est négatif se dissipe et disparaît.

- Ensuite, faites le tour de l'espace avec le bol, et à l'aide de votre main, de la plume ou de l'éventail, dispersez la fumée pour qu'elle purifie chaque recoin de la pièce. Si nécessaire, n'hésitez pas à rallumer le bouquet pour poursuivre le rituel.

- Enfin, laissez la sauge brûler jusqu'au bout ou s'éteindre d'elle-même.

- Si vous le pouvez et le souhaitez, il est conseillé d'enterrer les restes du bouquet à l'extérieur, comme dans votre jardin, dans un pot... pour les rendre à la Terre Mère et ainsi compléter le cycle de vie des éléments.

Chaque nettoyage doit être fait avec un nouveau bouquet de sauge, il ne faut pas réutiliser celui du rituel précédent.

Il peut également être utilisé pour nettoyer tous types d'objets, de vêtements, de bijoux et de minéraux.

Le Laurier

Le laurier n'est pas seulement connu pour ses grandes propriétés culinaires en tant que condiment ou ses innombrables bienfaits pour la santé, mais aussi pour son utilisation ésotérique. De plus, son arôme est très relaxant et agréable.

Ses feuilles ont été utilisées depuis l'Antiquité comme porte-bonheur et pour de nombreux rituels de magie blanche en raison de ses grands pouvoirs de protection, de force, de chance et de purification. Considéré comme une plante porteuse d'espoir, dans l'Antiquité, les généraux, les prêtres et les poètes étaient couronnés de laurier, symbole de gloire et de victoire.

Pas une nuit de plus sans votre feuille de laurier

- Au moment d'aller au lit, placez une feuille de laurier sous votre oreiller.

Ses propriétés magiques vous protégeront des cauchemars et des mauvaises vibrations qui vous empêchent de bien dormir et de vous reposer. De plus, vous vous réveillerez de bonne humeur, rempli d'énergie positive pour commencer la journée avec force et enthousiasme.

Réalisez vos souhaits avec une feuille de laurier

Ce petit rituel, très facile et rapide à réaliser, vous permettra de faire vos demandes à l'Univers d'une manière très efficace :

- 1 feuille de laurier sèche en bon état
- 1 stylo permanent
- Allumettes
- Pinces (facultatif)
- Un petit bol

1. Prenez le stylo permanent et écrivez votre souhait sur la feuille de laurier. Cela peut être une phrase (évitez : je veux..., je souhaite..., je voudrais..., et affirmez avec : j'ai..., je suis... comme si vous l'aviez déjà), un seul mot, un symbole, comme par exemple, celui de l'argent...

2. Brûlez soigneusement et sans danger la feuille avec une ou plusieurs allumettes dans un bol et à l'aide des pinces, pour ne pas vous brûler les doigts.

3. A la fin du rituel, jetez les cendres dehors pour qu'elles retournent à la Terre Mère ou directement dans la poubelle.

Le simple fait de brûler une ou plusieurs feuilles de laurier chaque jour, en plus de nettoyer l'environnement, de calmer le stress et l'anxiété et de soulager les maux de tête, cela activera également l'abondance.

Pour que vous ne manquiez jamais d'argent

- Mettez une feuille de laurier dans votre portefeuille et vous attirerez l'abondance et la prospérité.

Après avoir découvert ce que la sauge et le laurier pouvaient apporter à nos vies, continuons à en apprendre davantage sur nos amies les plantes à travers les encens.

Les Encens

L'encens ("incensum", du verbe "incendere" en latin, allumer) qui était déjà utilisé en Égypte et dans de nombreuses cultures, y compris le christianisme, est une préparation de résines végétales aromatiques où on y ajoute généralement des huiles essentielles. Il peut être présenté sous forme de bâtonnets (les plus courants), de granulés et de cônes à des fins religieuses, thérapeutiques ou aromatiques. Après l'avoir allumé, toujours avec une bougie ou une allumette, il dégagera une fumée aromatique, l'odeur dépendra du parfum choisi.

Étant très populaire pour entrer en contact avec le monde spirituel, l'encens est principalement utilisé dans la méditation et les rituels. De nos jours, il est principalement employé pour décharger, purifier et nettoyer l'atmosphère des mauvaises énergies. Il nous aide à nous concentrer, à calmer et à détendre l'esprit, en apportant un sentiment de paix et de bien-être. Ce qui est idéal pour la méditation, la prière et les demandes envoyées à travers la fumée de l'encens, et faisant partie de l'élément Air, elles arriveront directement à un ange, un archange, un saint ou un être de lumière en particulier. Il est donc très important de choisir l'encens le plus approprié, selon le besoin.

Lors de son utilisation, il est conseillé de fermer les fenêtres jusqu'à ce que l'encens se soit totalement consumé, puis de les ouvrir pour que les nouvelles énergies puissent entrer.

Comme je viens de l'expliquer, il existe une grande variété d'encens, les cinq qui suivent sont très puissants pour se débarrasser des mauvaises vibrations :

Encens Palo Santo

Cet encens ancestral et super puissant est l'encens nettoyant et purifiant par excellence. Il est présenté sous forme de bâtons provenant de l'arbre sacré Palo Santo. En plus d'expulser les forces négatives, il renforce tout ce qui est positif et offre également de nombreux avantages pour la santé. Son arôme relaxant nous aide à nous abandonner et à nous déconnecter de notre réalité, offrant un sentiment de paix, de calme et de sérénité. Idéal pour la méditation, la prière, et toutes sortes de pratiques telles que le yoga, le reiki ou l'aromathérapie, sans oublier, pour nettoyer et purifier les minéraux.

Il s'allume avec une allumette ou une bougie pour préserver toute sa pureté. Après quelques secondes, il faut l'agiter pour éteindre la flamme et laisser la fumée blanche se diffuser et faire son travail. Le Palo Santo peut être rallumé plusieurs fois.

Encens Bois de Santal

En plus d'être l'un des encens les plus puissants pour éloigner les mauvaises énergies, il attire aussi la chance et l'argent, sans parler de ses grandes propriétés médicinales. Apporte équilibre et harmonie, son arôme floral et exotique nous permet de nous détendre, améliorant ainsi la qualité du sommeil tout en nous transportant dans le monde spirituel où règnent la paix et la tranquillité intérieures.

Attirant les bonnes vibrations, il devient le compagnon idéal des énergies positives et de l'optimisme, car il fournit également un effet antidépresseur. L'encens bois de santal est l'un des encens les plus utilisés pour purifier et harmoniser les espaces de méditation, de relaxation et de concentration.

Encens à la Rue

La rue est une plante très puissante, qui, grâce à ses vertus magiques et purificatrices, est encore utilisée dans de nombreux rituels de l'église chrétienne et dans différentes cultures.

Son encens est idéal pour chasser les énergies négatives de notre maison ou de notre lieu de travail, restaurant ainsi son équilibre vibratoire. Elle est également l'une des plantes les plus efficaces pour nous protéger de tous les mauvais sorts tels que la magie noire, le mauvais œil et la jalousie. En plus d'avoir une odeur très agréable et relaxante, elle est très utile contre l'insomnie et apporte paix, protection, chance et optimisme.

Encens au Romarin

Cet encens est bien connu pour être l'un des plus anciens et des plus utilisés pour attirer la chance, la santé, la prospérité et l'amour. Grâce aux merveilleuses propriétés purificatrices du romarin, son encens devient un incontournable lorsqu'il s'agit de nettoyer et de libérer tout espace des énergies négatives et de rejeter tout mauvais sort. Il est également très efficace pour renforcer les pouvoirs magiques des rituels et se combine très bien avec l'encens à la rue. Les alterner sera très bénéfique.

Le romarin favorise la paix, l'énergie positive, la prospérité, le succès, l'argent, la clarté mentale et la guérison. N'hésitez donc pas à l'allumer dans votre bureau, ou là où il y a souvent des maladies et des conflits. Cet encens stimule également la créativité et améliore la mémoire, il sera un grand allié pour les étudiants.

Encens à la Cannelle

L'encens à la cannelle est très utilisé pour nettoyer et protéger les espaces des mauvaises vibrations. Le fait de le brûler attirera également la prospérité, la bonne humeur, la créativité, la chance, le succès et l'amour. Son arôme agréable et son puissant effet aphrodisiaque, nous aidera également à stimuler les relations sexuelles, à nous vider l'esprit et à attirer l'argent dans nos affaires, car son énergie est très proche à celle de l'argent.

Son parfum stimulera notre énergie et notre courage, ce qui réveillera notre désir de réussir, tout en nous sentant en sécurité. N'hésitez pas à utiliser cet encens à la cannelle lorsque vous méditez, car il vous aidera également à vous recentrer sur vous-même et à obtenir plus de clarté.

Pour votre santé et votre bien-être, je vous conseille, si possible, d'opter pour des encens composés d'ingrédients 100% naturels.

4

BOUGIES

La lumière est toujours là pour ceux qui veulent bien la voir.

Symbologie

La bougie symbolise les trois dimensions de l'être humain :

La cire : le corps physique
La mèche : la pensée
La flamme : l'esprit

Mais aussi les quatre éléments :

La cire correspondrait à l'élément de la Terre qui devient Air, donnant vie au Feu et une fois allumée, sa flamme se transforme progressivement en Eau, au fur et à mesure qu'elle se consume.

L'utilisation des bougies

La bougie a été inventée il y a des milliers d'années, non seulement pour obtenir de la lumière et de la chaleur, mais aussi pour se connecter spirituellement avec Dieu, la Divinité, la Terre Mère ou avec son propre Être Intérieur. Cet objet symbolique était également utilisé pour toutes sortes de rituels et pour honorer les temples et les cimetières.

Les bougies peuvent transformer notre environnement, selon la couleur et la composition, en leur faisant émaner différentes énergies.

Elles doivent toujours s'allumer avec une allumette ou une autre bougie, mais jamais avec un briquet, sauf si vous brûlez un morceau de papier pour allumer la bougie, car son feu doit être purement "terrestre". Pour l'éteindre, faites-le avec une cuillère ou un éteignoir, mais ne la soufflez jamais, et veillez à ne pas la laisser allumée sans surveillance.

Lorsque vous achetez une bougie énergétique ou une bougie à la cire d'abeille, assurez-vous qu'elle soit 100% naturelle.

Les couleurs des bougies

Les couleurs émettent des vibrations qui seront différentes selon la couleur de la bougie.

- BLANC : aide sur le plan spirituel, facilite le contact avec les Êtres de lumière et apporte harmonie, repos et pureté.

- GRIS : protection contre le mauvais œil.

- BLEU MARINE : protection contre les mauvaises influences.

- BLEU CIEL : harmonie et protection dans la maison, utilisée pour purifier les espaces et le nettoyage énergétique.

- LILAS : purification (il est recommandé de commencer par allumer une bougie lilas et ensuite une bougie bleu ciel pour apporter harmonie et protection).

- SAUMON : force et vitalité, augmente les capacités intellectuelles et professionnelles, la créativité et la captation des énergies.

- ROSE : douceur et harmonie.

- ROUGE : amour et passion.

- MARRON : amitié.

- JAUNE / OR : argent, affaires, abondance et chance.

- VERT : argent, prospérité, affaires...

Il doit s'agir d'une bougie entièrement colorée et non d'une bougie blanche teintée à l'extérieur.

Bougies énergétiques

Il existe des bougies énergétiquement puissantes, naturelles et donc fabriquées à base de différentes plantes bien connues pour leurs grands pouvoirs nettoyants dans les différents types d'espaces (maison, lieu de travail, etc..). Ces bougies, en plus de purifier les énergies, procurent d'autres avantages, tels que :

- La bougie à la rue : nettoyage intense.
- La bougie au romarin : attire la bonne fortune, apporte la sécurité et aide à la concentration.
- La bougie à la lavande : augmente le sens de l'humour et contribue à la détente.
- Bougie à la cannelle : stimule la créativité, la positivité et le désir sexuel. Elle attire également l'abondance financière.

Ces bougies peuvent prendre environ de 4 à 12 heures pour se consumer. Tout dépendra de la charge énergétique de l'espace. Plus la pièce est propre et saine, plus la bougie durera longtemps. Si, en revanche, elle se consume en peu de temps, il sera préférable de répéter l'opération pour obtenir une propreté absolue.

Vous pouvez les éteindre et les rallumer pour poursuivre leur effet énergétique, mais il sera toujours préférable de les laisser allumées le plus longtemps possible pour voir combien de temps elles mettent à brûler.

Ces bougies sont non seulement puissantes mais aussi bienveillantes.

La bougie au miel ouvre-chemins

La puissante bougie au miel, fabriquée avec de la cire d'abeille, adoucit l'atmosphère en laissant un agréable arôme relaxant ; elle attire la chance et apporte beaucoup d'harmonie, de paix et de sérénité dans votre foyer.

Le miel, également appelé "l'or liquide des dieux", a toujours été un élément naturel sacré utilisé par les Égyptiens, les Grecs, les Celtes et les Hindous pour attirer l'amour, la santé et la prospérité.

Cet élixir de la nature symbolise l'Être Supérieur et est souvent utilisé pour renforcer les rituels et les prières dans les églises en raison de son grand pouvoir énergétique.

Les 11 et 22 de chaque mois, étant des nombres maîtres, possèdent une vibration spéciale pour renouveler les énergies et se reconnecter avec notre Essence Divine.

Le fait d'allumer une bougie au miel tous les 11 et/ou 22 de chaque mois, vous procurera un grand bien-être et vous aidera à ouvrir les chemins de la santé, de l'amour, de la prospérité et du bonheur.

Pour faire ce rituel, vous aurez besoin :

- 1 bougie à la cire d'abeille.
- 1 allumette.
- 1 petite assiette blanche en céramique ou en verre transparent.

Il n'y a rien à demander, elle sait ce dont vous avez besoin à chaque instant. Il suffit de l'allumer avec amour, foi et positivité et de la remercier pour sa puissance divine. Laissez la bougie faire son travail et défaire les blocages pour améliorer positivement les différents aspects de votre vie.

N'oubliez pas de l'allumer avec une allumette (ou une autre bougie) et de la laisser s'éteindre complètement le jour même. Chaque bougie a un usage unique, elle ne pourra donc pas être réutilisée pour le lendemain ou le prochain 11 ou 22.

Lorsqu'elle est complètement consumée, avant de jeter les résidus, observez le dessin formé par la cire restante. Parfois, les bougies nous transmettent des messages. En plus d'amuser votre curiosité, vous serez surpris par cette facette divinatoire qui rend cette bougie d'autant plus spéciale.

Si, pour une raison quelconque, vous deviez l'éteindre avant qu'elle ne soit complètement consumée, vous ne pourrez pas la rallumer pour continuer le rituel, mais vous pourrez néanmoins l'utiliser comme une bougie traditionnelle.

D'autre part, la bougie de cire d'abeille est également idéale pour renforcer les propriétés magiques de tout rituel. Vous pouvez également vous en servir pour toute demande auprès de l'Univers, en évitant les jours 11 et 22 qui sont réservés au rituel où l'on ne demande rien en particulier.

Je suis certaine que dès que vous commencerez à profiter des propriétés magiques de cette célèbre bougie au miel, vous ne pourrez plus vous en passer.

5

MINERAUX

Soyez le diamant de votre vie, pur et éternel.

Les minéraux ont toujours été utilisés pour leurs diverses et nombreuses propriétés et pour être une source d'énergie. Ils sont un outil fondamental lorsqu'il s'agit de nous protéger contre les énergies négatives, d'éliminer les mauvaises vibrations, d'équilibrer le corps et l'esprit, de combattre les maladies, de générer de l'argent, du succès, de l'abondance et de la chance. Chaque minéral est unique, possédant ses propres vertus, particularités et spécificités, afin de nous aider de manière très positive dans notre quotidien et dans toutes les facettes de notre vie.

La Tourmaline noire

La tourmaline est considérée comme l'une des pierres les plus protectrices et les plus purifiantes, car elle absorbe et transforme les énergies négatives. Elle aide à décharger l'électricité statique du corps et à soigner la charge électromagnétique produite par les différents appareils électroniques qui nous entourent.

Elle peut être portée dans votre poche, comme pendentif ou être placée à la maison ou sur le lieu de travail. Cette pierre, en plus d'être un grand bouclier protecteur et nettoyant, attire la chance. Nous aidant à émettre des pensées positives, par loi d'attraction, elle attirera à vous de belles choses, tout en équilibrant le corps, l'esprit et l'âme. La tourmaline noire a la capacité d'augmenter la température des tissus du corps, améliorant ainsi la circulation sanguine.

La Labradorite

Cette pierre mystique forme une grande barrière protectrice contre les forces du mal. Elle est également reconnue pour son côté ésotérique en stimulant l'intuition et les dons psychiques. Elle renforce l'estime de soi et la foi, tout en dissipant les craintes et les insécurités.

Sa luminosité et son mélange de couleurs captivantes bleu, vert et argent apporte un côté mystérieux et magique. Elle possède également des propriétés physiques régulatrices pour équilibrer le corps et les hormones, soulager l'anxiété et le stress, les crampes menstruelles et les troubles oculaires.

L'Œil du Tigre

L'œil de tigre est l'une des pierres les plus puissantes au niveau énergétique, ce qui le rend très protecteur en déviant les énergies indésirables. Il est connu pour renforcer les liens d'amitié et pour nous aider à trouver notre but dans la vie.

Dans la plupart des cultures, il a servi non seulement d'amulette contre les mauvais sorts, mais aussi pour attirer l'argent et purifier le corps. Ce minéral nous apporte la clarté en nous libérant des doutes et de la confusion. Il favorise également la santé des plus petits, aide à lutter contre les troubles digestifs, l'angine et les problèmes thyroïdiens et sanguins.

Le Jade

Cette pierre verte est l'une des pierres les plus sacrées d'Asie, depuis des milliers d'années. Elle possède un grand pouvoir de protection contre les malédictions et les mauvais sorts et sert également d'aimant pour la chance.

Le jade aide à la concentration et à la relaxation en équilibrant le corps et l'esprit. Il harmonise les relations conflictuelles et renforce le système immunitaire et les reins. En plus d'être le grand porteur de santé, de paix, de sérénité et de chance, il est aussi le grand allié de l'amour en l'attirant et en le maintenant.

La Pyrite

La pyrite est le porte-bonheur par excellence pour attirer l'argent et résoudre les problèmes financiers. Sa couleur jaune dorée et sa luminosité nous rappellent l'argent et nous inspirent la sécurité économique. Son énergie a la capacité d'apporter la prospérité et l'abondance. Elle aide l'être humain à voir grand et à changer ses croyances limitantes au sujet de l'argent, contribuant ainsi à transmuter les vibrations pour passer de la carence à l'abondance. Ce minéral nous donne la force nécessaire pour faire face à n'importe quel projet et aller de l'avant. Elle aide également à renforcer les os et les poumons et à améliorer la digestion.

La Citrine

Ce quartz solaire est associé à la créativité et à la prospérité dû à sa couleur jaunâtre. Il est également utilisé pour prévenir les cauchemars et éliminer la peur. Attirant la richesse et le succès, il est idéal de l'avoir sur soi pour prendre des décisions et développer des projets professionnels, et dans la bourse pour attirer l'argent et l'abondance. Le porter comme pendentif apportera la paix intérieure et la sérénité.

Au niveau de la guérison, la citrine possède de nombreuses propriétés, par exemple, elle est très bénéfique pour dynamiser le corps si vous vous sentez fatigué, aide à la digestion et à résoudre les problèmes de reins et de vessie.

N'hésitez pas à placer une pyrite et/ou une citrine dans votre maison, votre lieu de travail et même sur votre caisse enregistreuse si vous souhaitez augmenter votre richesse.

L'Ambre

L'ambre est une résine fossilisée de conifères tels que le pin, de couleur jaune-orange et est considérée comme une pierre précieuse. Elle a le mérite de prévenir les maladies et les troubles nocturnes tels que les cauchemars. Elle a également un grand pouvoir de guérison et de purification en absorbant les mauvaises énergies pour les transmuter en positives. Elle soulage la dépression en aidant à maintenir un état d'esprit positif et à stimuler le bonheur.

Elle traite les problèmes articulaires, de gorge, de digestion, de vessie, de reins et de bouche tels que les caries, la pyorrhée et la gingivite. Le collier d'ambre est idéal pour l'apparition des premières dents des bébés, car son effet analgésique 100% naturel, calme et apaise la douleur.

Tous ces minéraux ont bien plus de bienfaits pour la santé mentale, physique et spirituelle. N'hésitez pas à découvrir et à approfondir tous les bienfaits que chacun d'entre eux possède pour votre bien-être.

N.B. : Une pierre ne remplace jamais un traitement médical.

Nettoyage des minéraux

La **citrine** et la **tourmaline noire** n'ont pas besoin d'être nettoyées, ce sont des minéraux autosuffisants pour absorber, transmuter et expulser les mauvaises vibrations par eux-mêmes. Le nettoyage se fait de manière autonome.

Il y a plusieurs façons de purifier les minéraux, voici les plus simples mais très efficaces :

RUE / PALO SANTO : Les minéraux ou autres objets (pendentifs, pendules, cartes) peuvent être nettoyés rapidement et en toute sécurité en brûlant directement de la Rue ou du Palo Santo. Il suffira de passer la pierre ou l'objet que l'on veut purifier à travers la fumée qu'ils dégagent.

GROS SEL : Vous pouvez également utiliser du gros sel pour un nettoyage en profondeur. Il suffit de verser une généreuse couche de sel dans un bol ou une assiette creuse et d'y introduire les pierres pendant quelques heures ou toute la nuit. Rincez ensuite à l'eau claire et séchez.

EAU : Rien ne vaut la pureté de l'eau pour nettoyer une pierre (ou un objet) : il suffit de laisser couler l'eau du robinet pendant un moment sur les minéraux. Vous pouvez aussi tenir le minéral entre vos mains en imaginant comme il se purifie. Si vous en avez la possibilité, l'eau de rivière ou de mer est encore plus efficace.

6

Rituels indispensables

Pour votre plus grande protection.

Neutralisez les conflits avec le pouvoir du froid

Il n'est pas toujours facile de s'entendre avec tout le monde et nous pouvons donc parfois avoir des conflits et des désaccords très désagréables avec certaines personnes. Si vous souhaitez mettre un terme à cette lutte et tempérer la situation, ce rituel vous permettra à l'aide du froid, de geler et donc de neutraliser les mauvaises vibrations.

1. Écrivez sur un morceau de papier le nom complet de la personne avec laquelle vous êtes en conflit.

2. Mettez-le dans le congélateur sans aucune mauvaise intention et laissez la magie opérer...

Ne vous inquiétez pas, car vous ne ferez de mal à personne. Le froid, ne fera que d'annuler les mauvaises énergies qui vous maintiennent dans une zone de tension et de discorde. Cela ne signifie pas que vous retrouverez une grande amitié, mais ça vous apportera la paix dont vous avez besoin pour calmer l'ambiance et apaiser votre cœur.

Attirez l'argent et l'abondance et éliminez le mauvais œil et la malchance

Un rituel puissant pour mettre fin à la malchance et au manque d'argent.

Simple, naturel et surtout... TRÈS EFFICACE !

- 1 citron.
- Du gros sel.
- 5 clous de girofle.
- 1 assiette creuse en céramique (jamais en plastique).
- 1 couteau tranchant.
- 1 bougie blanche (facultatif).
- Ce rituel doit se faire du mardi au dimanche.

1. Allumez la bougie blanche avec une allumette, elle vous servira de protection pendant le rituel.

2. Versez et étalez une généreuse couche de gros sel dans l'assiette.

3. Coupez le citron en deux.

4. Insérez le premier clou de girofle au centre du demi-citron et les quatre autres à chaque extrémité en formant une croix (en haut, en bas et un de chaque côté).

5. Marquez une croix dans le sel avec la pointe du couteau (d'une extrémité à l'autre).

6. Placez le demi-citron au centre de la croix de sel (au milieu de l'assiette).

7. Dites : "Que Dieu bénisse ce rituel, Merci, Merci, Merci"

8. Éteignez la bougie (sans la souffler).

9. Placez l'assiette sur la table de chevet de la personne concernée, ou sous le lit, à la hauteur de la tête.

Laissez agir pendant une semaine environ et observez le citron. S'il commence à foncer, à avoir des taches brunes, ou s'il commence à pourrir, mettez le tout dans un sac en plastique (sauf l'assiette) et jetez-y aux ordures. Ensuite, lavez bien l'assiette et réutilisez-la seulement pour les rituels. Répéter l'opération jusqu'à ce que le citron conserve son aspect de base, il séchera avec le temps, mais ça c'est tout à fait normal.

Le Portefeuille Rouge

Transformez votre portefeuille en un aimant à argent !

- Choisissez un portefeuille rouge pour attirer l'énergie de l'argent.

- Gardez votre portefeuille bien ordonné, ne mélangez pas vos tickets, papiers, etc... avec vos billets. Il est important que votre esprit et votre portefeuille soient rangés pour laisser l'énergie de l'argent circuler librement.

- Ayez toujours un billet dans votre portefeuille pour ne jamais avoir l'impression de ne pas avoir d'argent, afin d'éviter d'émettre l'énergie de manque.

- Joignez à vos billets un morceau de papier où vous aurez dessiné le symbole de l'infini, " ∞ " pour que l'énergie de l'argent circule sans cesse.

- Placez les billets pliés en deux (horizontalement). Le côté que vous préférez doit être à l'extérieur. Tous les billets doivent être à l'intérieur les uns dans les autres, du plus petit au plus grand, afin que le plus grand se trouve à l'extérieur de la liasse. Cela permettra à l'argent de circuler constamment.

- Pensez à mettre une petite citrine pour l'abondance et le bonheur, un brin de rue ou de romarin pour la bonne fortune et des bonbons pour adoucir l'argent.

- N'hésitez pas à passer votre portefeuille dans de l'encens à la cannelle pour attirer la richesse.

- Sentez vos billets le plus souvent possible. Leur odeur vous comblera de satisfaction, vous donnant une sensation de bien-être, faisant monter votre niveau énergétique et émettre des vibrations positives très puissantes.

7

Anges

Quand la vie devient légère comme une plume...

Petit Ange...

Les Anges sont toujours à notre disposition à attendre que nous les appelions pour nous aider. Ils ne pourront jamais intervenir dans votre vie sans votre consentement, c'est la loi universelle par excellence du libre arbitre. Par conséquent, ils auront toujours besoin que vous les invoquiez pour qu'ils puissent agir en votre nom. Pour demander de l'aide aux Anges, vous n'avez pas besoin de faire de rituel ni de connaître leurs noms. Vous n'aurez qu'à leur parler comme à un ami de confiance, avec affection et sincérité. Avec votre cœur, en les appelant comme vous le souhaitez, il se reconnaîtront. Vous pourrez le faire à voix haute, en chuchotant ou de tête, car chacune de vos demandes sera perçue à travers vos sentiments.

Les Anges sont toujours là, attendant votre appel pour vous aider au mieux. Il suffit de savoir qu'ils existent, qu'ils vous accompagnent et vous guident constamment. Si vous avez du mal à croire en ces Êtres de Lumière, ce sera l'occasion idéale pour vous prouver leur existence en leur demandant, par exemple, un signe facile à repérer pour commencer.

Les Archanges sont une catégorie supérieure d'Anges, vous pouvez leur demander de l'aide et de l'assistance quand vous le souhaitez et quand vous en avez besoin. Chaque Archange correspond à un domaine de notre vie :

Zadkiel : Libération et joie. Il dissout les souvenirs douloureux en apportant le bonheur, la tolérance et le pardon dans nos vies.

Gabriel : Guide spirituel. Il nous aide à trouver notre mission de vie, ainsi qu'un logement ou un travail.

Michaël : Protection physique, contre tous les dangers (vols, voyages, accidents...) et contre les forces obscures et maléfiques. Il nous apporte également un soutien moral lorsque nous nous sentons seuls et perdus.

Raphaël : La santé à tous les niveaux : physique, mentale, émotionnelle et spirituelle. Il nous aide à comprendre la signification de toute douleur et maladie pour notre évolution personnelle. Grand protecteur lors des voyages, pour que tout se passe bien.

Jophiel : Connaissance et clarté. Il nous soutient dans nos études et nous aide à surmonter les vices, les mauvaises habitudes et les attachements néfastes.

Chamuel : Amour. Il remplit nos cœurs de compassion, de respect, de tolérance, de compréhension et de pardon dans nos relations familiales, amiclaes, et sentimentales. Il est également invoqué pour l'estime de soi. Il nous aide à trouver un emploi et des objets perdus.

Uriel : Prospérité et abondance. Résout les problèmes de colère, les conflits personnels et professionnels et les peurs en général. Calme l'esprit.

Métatron : Il nous aide à trouver notre potentiel et notre équilibre dans la vie en général (amour, travail, relations...) pour vivre dans une harmonie et sérénité absolues.

Cassiel : Débloque les situations de stagnation. En répétant son nom, il agit comme un médicament, un baume pour le cœur lorsque nous nous sentons tristes et désespérés.

Nathaniel : Vitesse. Amenant du changement positif et rapide. Il agit comme un ouragan pour assainir et libérer toute situation, au plus vite, de toutes ses barrières pour notre plus grand bonheur. Sa présence est associée à la couleur rouge.

Voici un puissant bouclier de protection à réciter à haute voix par trois fois :

> "A ma droite, L'archange Michaël pour la protection et l'amour.
> A à ma gauche, l'Archange Gabriel pour l'intuition et la forcé.
> L'Archange Uriel devant moi, pour la spiritualité et la lumière.
> L'Archange Raphaël derrière moi pour la sagesse et la guérison.
> Et l'Archange Métratron, la présence divine au-dessus de moi,
> pour m'accompagner où que j'aille.
> Amen."

Ces Êtres de Lumière ne sont pas seulement là pour vous protéger des énergies négatives et dangereuses, mais aussi pour co-créer avec vous la réalité de vos rêves, votre monde ideal...

Comment travailler "côte à côte" avec les Anges ?

Il existe une multitude de services célestes à votre portée qui vous permettra de résoudre vos problèmes dans n'importe quelle facette de votre vie. Chacun de vos besoins terrestres possède son équivalent énergétique dans le monde Divin. Il vous suffira de demander une Assistance Spirituelle pour le problème que vous voulez résoudre, tel que : un Détective Spirituel pour retrouver quelque chose de perdu, un Professeur Spirituel pour vous aider dans vos études, un Agent immobilier Spirituel pour vous permettre de trouver une nouvelle maison ou de la vendre, ou encore un Conseiller financier Spirituel pour vous aider à tenir vos comptes et trouver ainsi le soutien financier nécessaire... Laissez libre cours à votre imagination et mettez toute votre Foi entre les mains des Anges !

Vous savez que tout commence avec vous, ne perdez pas plus de temps et transformez votre vie maintenant en donnant l'ordre au Ciel. Alors... Demandez sans honte ni limites ! Mais toujours avec un sentiment d'amour, de foi et de sérénité. Parlez à votre Équipe Céleste de manière simple, sincère et détendue, en toute confiance. N'ayez pas peur que votre désir puisse enlever quelque chose à quelqu'un d'autre. Si votre désir vient du plus profond de votre cœur, c'est pour une raison. La Source Céleste veillera à donner ce qui est parfait et juste à chacun d'entre nous, selon l'ordre divin et de manière irréprochable.

Il s'agit de se lancer dans ce Nouveau "système" de communication qui ne manquera pas de vous surprendre. Quelle que soit votre demande, passez l'ordre avec lâcher-prise et confiance. Vos conseillers de lumière attendent impatiemment que vous les invoquiez pour vous rendre heureux. Rien ne vous empêche de les invoquer, alors... qu'attend-vous ?

Au début, vous ne saurez pas s'il s'agit d'un pur hasard, de la chance ou si cette assistance céleste fonctionne vraiment, mais les changements et les solutions seront si évidents que, peu à peu, vos doutes se transformeront en conviction. N'hésitez pas non plus à modifier vos demandes, car la vie vous révélera des vérités qui vous permettront d'adapter chacun de vos désirs. Il est donc essentiel de se mettre en relation avec votre équipe spirituelle très régulièrement, si possible au quotidien, pour adapter et clarifier vos demandes.

Si, avec le temps, vous constatez que le résultat n'est pas celui que vous attendiez, c'est parce que nous ne savons généralement pas ce qui est vraiment le mieux pour nous et la Divinité nous montre une autre voie qui nous mènera sans doute à ce qui nous correspond le plus, dans sa plus grande perfection.

Les anges vous avertissent généralement de leur présence et de leur protection à travers des signes, comme une chanson, un mot qui traverse votre regard, un appel ou une nouvelle inattendue... Mais ils aiment aussi se manifester en laissant des plumes sur votre chemin. C'est en étant attentif à ces précieux signes que vous verrez comme ils vous remplissent de joie, de foi et d'espoir.

Plumes

Les plumes vous accompagneront dès que vous commencerez à les remarquer... Vous verrez à quel point votre vie devient surprenante et amusante avec cette simple manifestation angélique. Cette plume... à cet endroit... juste à ce moment-là...

Les couleurs des plumes ont aussi leur signification :

- BLANC : protection, paix et spiritualité.

- NOIR : changements, éveil spirituel.

- BLANC ET NOIR : grand changement positif.

- MARRON : ce n'est pas le bon moment pour prendre des décisions ou apporter des changements. Méditez et attendez de nouvelles idées.

- GRIS : tranquillité, confiance, si vous traversez une période difficile, elle passera bientôt.

- A POIDS : il faut lâcher prise, pardonner et se libérer de son passé.

- BLEU : santé, paix, lumière Universelle.

- VERT : guérison, fertilité et argent.

- JAUNE : sagesse et chance dans les nouveaux projets, vous êtes sur la bonne voie.

- ROSE : amour sous forme de romance, ou amélioration relationnelle (familiale ou sentimentale), l'arrivée d'un enfant.

- VIOLET : communication, exprimez vos sentiments afin d'être aidé et d'avancer.

- ROUGE : chance, courage, ce que vous désirez est en chemin.

- ORANGE : développez votre côté créatif, suivez votre intuition pour avoir plus de chance et de succès.

Les plumes peuvent être naturelles, teintées, artificielles ou dessinées. Les anges peuvent se manifester sous n'importe quelle forme.

Lorsque vous commencerez à vous connecter avec le ciel et à le mettre au travail, vous vous sentirez très soutenu, accompagné et aimé. Vous serez libéré de cette solitude qui vous habite souvent lorsque vous vous sentez dépassé par une situation difficile ou tout simplement perdu. Ce sentiment de soulagement et de plénitude vous détachera beaucoup plus du résultat espéré, et vous apportera ce lâcher-prise indispensable pour que tout coule de source pour votre plus grand bonheur.

Reiki Angélique

D'autre part, il existe aussi le **Reiki Angélique** (une thérapie énergétique) qui vous offre la possibilité de **rééquilibrer vos énergies** grâce aux Archanges, en harmonisant, nettoyant et protégeant votre Être à tous les niveaux (mental, physique, spirituel et émotionnel) dans tous les domaines de votre vie. Cette thérapie céleste si bénéfique, pure et rénovatrice, vous permettra également de couper ces cordons qui vous empêchent d'avancer et d'évoluer librement et efficacement. C'est-à-dire, de vous détacher de certains liens toxiques (cela peut être une ou plusieurs personnes, un travail, une situation difficile et douloureuse, etc.) qui ne vous font aucun bien et dont vous vous sentez généralement prisonnier.

Les Anges agissent toujours de manière subtile mais très puissante, s'adaptant à votre rythme et à ce dont vous avez besoin à chaque instant. Vous vous sentirez léger, soulagé, libéré et très accompagné. Une expérience intense qui vous mettra directement en contact avec votre Ange Gardien.

Reiki Soulmate

Le **Reiki Soulmate** vous permet de vous connecter aux **énergies de l'amour** pour vous aider à trouver votre âme-sœur ou à harmoniser vos relations, en respectant toujours votre mission de vie pour votre plus grand bonheur. Les Archanges de l'amour seront chargés de détruire les barrières et de dissiper les nuages qui se trouvent sur votre chemin pour vous permettre de rencontrer plus facilement l'amour de votre vie.

Mais surtout, ce Reiki vous permettra de "réveiller" votre amour-propre, pour vous rappeler que vous êtes votre priorité, afin de remplir votre vide intérieur de confiance et d'estime de soi. Ce n'est qu'alors que vous émettrez les bonnes énergies pour vous aligner à celle de l'Amour, et pouvoir ainsi attirer dans votre vie la bonne personne. Ce soin angélique ne changera pas votre destinée, mais il participera au bon déroulement des choses, dans la plus grande harmonie pour votre plus grand bien-être intérieur et sentimental.

N'oubliez pas que vous avez tout à portée de main pour ne jamais manquer de rien, alors... Mettez-vous au travail avec les Anges, dès maintenant, pour que la magie soit !

9

Décrets de pouvoir

Chaque mot possède une force énergétique.

Le Droit de Conscience

En tant que Créateurs, nous avons le pouvoir de changer le cours de notre vie quand nous le voulons, mais nous devons le désirer du fond du cœur et avec une conviction absolue. Mais comme nous ne sommes pas seuls, une multitude d'outils nous entourent pour nous aider à réaliser tout ce que nous entreprenons avec la moindre résistance possible.

Ces expressions que vous avez sûrement déjà entendues plus d'une fois : "Si c'est censé arriver, ça arrivera", "Patience, ce qui est censé être pour toi, arrivera", "Ce qui est fait pour toi revient toujours vers toi", nous soulagent en remplissant nos cœurs de paix et d'espoir. Cela signifie donc qu'il y a certaines choses dans la vie qui nous sont destinées et qui, par conséquent, finiront par nous appartenir, par Loi providentielle. Personne ne pourra jamais vous priver de votre liberté de penser, c'est-à-dire, de votre pouvoir de création. Vos convictions dépendent de vous, des énergies que votre Être émane à travers vos émotions. Prenez conscience de votre grand pouvoir de manifestation, votre "**Droit de Conscience***".

Débarrassez-vous de vos croyances limitantes pour pouvoir recevoir tout ce dont vous désirez, car **si vous le croyez, vous le créez par droit divin**. Rien ne vient de l'extérieur, car **tout dépend de votre Être intérieur pour exister**. Vous n'aurez qu'à regarder vos conditions extérieures pour détecter et comprendre ce que vous vivez et donc ce que vous ressentez, afin de pouvoir décider de maintenir ou de changer votre réalité.

*Droit de conscience : Joseph, fils de Jakob et Rachel dans la Bible, symbolise le "Droit de conscience" et le "Pardon de Dieu".

En prononçant ce décret, vous réclamerez et récupérerez ce qui vous revient de droit :

"Ce qui m'appartient par droit de conscience, je ne peux pas le perdre et personne ne peut me l'enlever. J'invoque, je décrète et j'affirme mon bien ici et maintenant. Merci, Merci, Merci"

Cette affirmation peut être utilisée pour retrouver des objets perdus, ce que l'on désire, débloquer une situation difficile et ainsi attirer ce qui est le mieux pour nous.

Récitez-le avec tout votre Amour, chaque fois que vous le souhaitez et vous constaterez par vous-même... C'est fou ce qu'une « simple » phrase peut générer avec sa puissance de manifestation. Qu'attendez-vous ?

La Bénédiction Cachée

Toute situation difficile cache une bénédiction, car les choses ne vous arrivent pas à vous, mais toujours POUR vous, pour votre évolution personnelle. Cela signifie que nous avons tendance à attirer ce que nous avons besoin d'apprendre.

Il n'y a pas d'échec pour celui qui regarde avec les yeux de la Foi.

Par conséquent, au lieu de vous concentrer sur ce qui vous blesse et vous frustre, faites confiance au bien qui se cache derrière cette expérience difficile, et vous permettrez ainsi que cela vous soit révélé plus facilement et rapidement. Regardez la situation avec PARDON, cela vous permettra d'éclairer la situation pour que tout se révèle, de vous en distancer et de vous débarrasser de la douleur. Le pardon est la clé essentielle qui vous sauvera du mal, en vous redonnant la vision nécessaire pour pouvoir RECONNAÎTRE cette bénédiction souvent invisible et incompréhensible lorsque nous souffrons.

> **Quelque chose que vous ne pardonnez pas, vous pèse, et selon la loi de l'attraction, cette douleur que vous ressentez et émettez ne fera que de créer davantage d'expériences à pardonner.**

Remplacez la victimisation par la positivité et essayez toujours de RECONNAÎTRE plutôt que de résoudre. Cela vous amènera à créer avec le Divin au lieu de réagir à ce que vous voulez fuir. Réagir face à une situation c'est ce qui vous maintiendra lié à la frustration et à la désolation et perdu dans un labyrinthe sans issue. Rappelez-vous toujours que **ce à quoi vous résistez persiste**.

Nous avons tendance à penser davantage à ce qui nous manque qu'à ce que nous avons. Si vous vous concentrez sur la facette de votre vie qui ne fonctionne pas, cette force énergétique entraînera le reste de votre vie au même niveau et tout se compliquera progressivement. Mais si vous vous concentrez sur ce qui va bien, les choses se résoudront et s'équilibreront par la loi de l'attraction.

N'oubliez pas que tout s'équilibre à l'énergie sur laquelle vous portez votre attention. C'est pourquoi, il est si important de remarquer si nous pensons à la carence ou à l'abondance, à la santé ou à la maladie, à la frustration ou à la joie, simplement au bien ou au mal.

Ce décret vous aidera à reconnaître la bénédiction qui se cache derrière chaque situation compliquée et à vous libérer de ses griffes:

" Je bénis et remercie le bien qui se cache derrière cette situation. Je l'affirme et je veux le voir se manifester. Merci, merci, merci."

Le mot RECONNAÎTRE mérite toutes les majuscules du monde, parce qu'il nous inspire à voir la lumière dans l'obscurité, et à se dire que rien n'arrive par hasard, tout a son sens et sa raison d'être par Ordre Divin. Les mystères de l'Univers sont infinis et son héritage est illimité. Vous n'êtes pas seul... Quelle joie et quel soulagement de le savoir, n'est-ce pas ?

Les Access Bars

Ne vous limitez pas, abaissez vos barrières !

> TOUT DANS LA VIE ME VIENT AVEC FACILITE, JOIE ET GLOIRE !
> (mantra d'Access Bars)

Les Access Bars sont un outil créé par Gary Douglas (USA) pour favoriser le lâcher-prise, afin d'éliminer les blocages dans notre conscience qui nous empêchent de réaliser nos désirs et d'avoir une vie pleine et heureuse.

> **"Votre point de vue crée votre réalité,
> votre réalité ne crée pas votre point de vue."**
> *Gary Douglas, Fondateur de Access Consciousness*

En touchant doucement différents points de la tête, nous pourrons les décharger afin de nous détendre et de nous libérer de nos limites les plus profondes dans les différents domaines de notre vie (argent, succès, sexualité, corps, joie, tristesse, vieillissement, etc.)

Il y a des questions clés qui agiront de manière incroyable dans notre esprit pour nous faire nous sentir mieux, différents et créer une nouvelle réalité.

Répétez celles qui vous inspirent le plus, vous apportant un sentiment de bien-être, de soutien et de liberté inconditionnelle :

- QUOI D'AUTRE EST POSSIBLE ?
- COMMENT CELA PEUT-IL ÊTRE ENCORE MIEUX QUE CELA ?
- QUELLES SONT LES INIFINIES POSSIBILITES POUR... (complétez avec ce dont vous avez besoin).
- QUELLE ENERGIE, QUEL ESPACE ET QUELLE CONSCIENCE PUIS-JE ETRE QUI CHANGERAIT MA VIE EN TOTALITE ?
- QUE FAUDRAIT-IL POUR QUE CELA SE MANIFESTE ?
- LEGERTE OU LOURDEUR ? (identifiez ce que vous ressentez envers toute pensée ou choix à faire)
- ET SI... ? (osez ne pas vous limiter)

Le doute est la seule barrière qui vous sépare de votre désir.

Ce mantra de déblayage en anglais, considéré comme une merveilleuse baguette magique, nous permet de détruire toute barrière afin de nous ouvrir à toutes les possibilités :

> *"Tout ce qui m'empêche d'avoir plus de joie, d'aisance et d'abondance dans ma vie, je le détruis et le décrée maintenant. Right and wrong, Good and bad, POD and POC, All nine Shorts, Boys and Beyonds"*

Vous pouvez modifier et adapter la première partie (en français) en fonction de ce que vous voulez changer, par exemple :

- "Que tout manque et besoin d'argent soit détruit et décréé maintenant."

- "Que tout obstacle qui m'empêche d'être heureux soit détruit et décréé maintenant."

- "Puisse chaque barrière financière être détruite et décréée maintenant."

- "Que tout ce qui m'empêche de trouver l'amour de ma vie, mon âme sœur soit détruit et décréé maintenant."

- "Que tout ce qui m'apporte des problèmes de santé soit détruit et non décréé maintenant."

Ensuite rajoutez le mantra en anglais, répétez plusieurs fois, le plus sera le mieux, et laissez la magie opérer. Créer vos propres phrases de déblayage, selon votre inspiration et ce que votre cœur vous dicte.

Vous n'avez pas besoin de comprendre ce mantra, ni la signification de chaque mot, car il a été étudié pour débloquer le subconscient de vos propres barrières et permettre que le meilleur vous arrive. Mais vous devez être conscient qu'au fond de vous, vous ne savez pas si quelque chose est vraiment fait pour vous, bon ou mauvais... car vous ne connaissez pas l'avenir. Nous n'avons pas cette capacité de savoir, mais nous pouvons détruire toutes les perceptions erronées qui nous bloquent, nous freinent et nous empêchent de nous élever et de nous aligner avec ce qui est vraiment fait pour nous.

Les deux mots clés de ce mantra sont **POD** et **POC** :

- Point de destruction
- Point de construction

Si vous avez du mal à mémoriser le mantra en anglais, il existe une version simplifiée :

Tout ce qui a amené cela dans ma vie, je le détruis et je le décrée POD et POC

Vous pouvez également utiliser cette version courte pour détruire d'anciennes croyances et schémas mentaux et vous ouvrir au changement le plus favorable et le plus bénéfique que la vie a pour vous :

- L'argent est difficile à gagner, POD et POC, je le détruis et je le décrée.
- Je n'ai jamais de chance en amour, POD et POC, je le détruis et je le décrée.
- On ne peut pas tout avoir dans la vie, POD et POC, je le détruis et je le décrée.
- Etc.

En fonction de vos blocages et de vos croyances limitantes, vous trouverez les phrases les plus appropriées et les plus adaptées pour vous.

Votre esprit peut être votre prison ou votre libération.

Celui qui ne pense pas, ne retient, ne stocke, ni n'accumule pas, empêchant ainsi la création de toute barrière.

Celui qui ne pense pas permet que le meilleur lui arrive depuis le plus haut niveau vibratoire de son Être. Cela s'appelle : Vivre intensément, de manière intelligente.

Cherchez toujours et surtout à être en paix, afin de faire tomber les barrières, de vous aligner avec l'énergie universelle illimitée qui permet que tout soit possible.

Trop réfléchir vous amène à :

- Analyser : Barrière
- Douter : Barrière
- Contrôler : Barrière
- Appréhender : Barrière
- Avoir des attentes : Barrière
- Vous inquiéter : Barrière
- Vous impatienter : Barrière
- Vous bloquer : Barrière
- Vous limiter : Barrière

Comme vous pouvez le constater, toutes les barrières viennent de la pensée.

Si lorsque vous commencez à réfléchir, vous avez tendance à éveiller le doute, les questions, l'impatience et l'inquiétude, choisissez de calmer votre esprit, et ce n'est qu'alors que vous élèverez votre vibration.

Celui qui ne s'inquiète pas s'aligne avec l'énergie illimitée et la vie continuera à lui donner le meilleur par Loi. Vous n'êtes pas seul, faites confiance au processus, la Divinité vous prend par la main et vous guide à travers vos envies, vos désirs et les synchronicités.

Si vous n'obtenez pas les résultats souhaités, c'est parce que vos expériences passées ont créé votre pensée principale, c'est-à-dire votre conviction sur chaque facette de votre vie, même si elle est totalement inconsciente. C'est pourquoi, vous avez tendance à reproduire toujours la même chose, le même schéma, sans remarquer de changements significatifs, malgré vos motivations et vos efforts.

Peu importe ce que vous étiez ou ce que vous serez, SOYEZ le miracle de la puissance du présent et **ouvrez-vous à toutes les possibilités**. Acceptez que vous ignorez ce qui pourrait arriver, ce qui vous attend exactement ou ce qui est vraiment le mieux pour vous. **Qui vous dit que votre perception est la clé de votre cœur menant à la solution ?**

Je vous suggère de vous détendre et d'observer le premier mot qui vous vient à l'esprit lorsque vous pensez à l'amour, à l'argent, au travail, à la santé, etc....

Qu'est-ce que chacun d'entre eux vous inspire ?
Comment vous font-ils vous sentir ?

Ainsi, vous saurez si vous bloquez ou autorisez le flux d'énergie de ce que vous voulez attirer et quelle idée limitante doit être transformée pour créer votre nouvelle réalité. Il s'agit d'apprendre à se connaître de plus en plus pour pouvoir avancer et mieux évoluer.

Comment est votre relation avec l'argent ?

S'il vous est difficile de dépenser de l'argent, c'est que votre esprit a un "NON" programmé quand vous devez payer quelque chose, créant une barrière et émettant un sentiment de résistance et de lourdeur par peur de perdre et de ne pas avoir. Mais avec cette mentalité, l'énergie de l'argent ne pourra pas circuler en votre faveur, elle sera juste bloquée sans pouvoir revenir vers vous. Si, en revanche, sortir de l'argent de votre poche ne vous pose aucun problème, vous pourrez augmenter vos revenus en participant à l'activation de votre abondance.

Si vous SAVEZ que l'argent ne vous manquera jamais avec un sentiment d'insouciance, vous créerez à travers cette conviction une situation économique inépuisable. L'Univers parviendra toujours à vous rendre l'abondance correspondante.

Afin de contrôler ce que vous recevez, vous devez savoir quel type de sentiment vous ressentez lorsque vous dépensez de l'argent. Demandez-vous donc :

- **Est-ce que je dépense mon argent depuis un sentiment d'amour ou de peur/peine ?**

Je vous suggère de vous répéter ces phrases de bien-être financier lorsque vous allez effectuer un paiement :

Plus je dépense de l'argent et plus j'en reçois en alimentant mon énergie d'abondance.

Cet argent me revient multiplié, Merci, Merci, Merci.

*L'Univers conspire en ma faveur pour
répondre à tous mes besoins.*

Cette phrase du Dr Grigori Grabovoi vous permettra également de purifier et stimuler l'énergie de l'argent lorsque vous faites un achat :

*Que cet argent soit destiné au macro-
sauvetage du monde entier.*

Votre sécurité financière ne dépend que de vous. Si vous savez que vous êtes l'Abondance même dans votre totalité, par la Loi, elle se révélera à vous et vous accompagnera toujours.

Tout commence en vous, à partir de votre Être Créateur.

10

Vous êtes le Créateur de votre Réalité

Il n'y a pas de manifestation sans conviction.

Croire, c'est créer !

Si toute manifestation commence dans votre imagination, commencez à penser et à vous concentrer uniquement sur ce que vous voulez, et **osez croire en un avenir qui vous rend heureux et non qui vous déçoit**. Votre réalité est le reflet de votre niveau vibratoire. Si vous n'aimez pas ce que vous voyez, fermez les yeux et changez votre scénario mental et observez le film de votre vie se transformer.

Le mot INFLUENCE :
Vos pensées influencent vos sentiments, qui eux influencent votre réalité. Tout est une question d'In-Fluence", c'est-à-dire le flux qui circule en vous.

4 étapes pour stimuler votre pouvoir de création :

- Videz votre esprit pour vous débarrasser de votre Ego et vous désidentifier de tout ce qui vous entoure.

- Visualisez votre désir comme si vous l'aviez déjà pour ressentir la satisfaction que vous recherchez.

- Posez-vous la question suivante : à quoi est-ce que je penserais si je l'avais, quels seraient mes nouveaux désirs ?

- Lâchez vos doutes et votre impatience avec la certitude que l'Univers conspire en votre faveur.

Souhaitez mais... sans « mais ».

Comment puis-je savoir si mon souhait est en cours de réalisation ?

Il suffit d'identifier ce que vous ressentez par rapport à ce que vous voulez. Il est important de connaître vos limites en observant ce qu'il vous est difficile d'imaginer et de ressentir. Si vous êtes inquiet, anxieux et frustré par le sujet, c'est que vous n'êtes pas du tout à l'aise, c'est-à-dire en désaccord total avec votre désir, créant ainsi un blocage énergétique empêchant sa manifestation. Mais si, en revanche, vous vous sentez calme, léger, détendu et heureux, vous pouvez être sûr que, selon la Loi, vous êtes en train de l'attirer vers vous.

Si derrière chaque désir se cache la volonté d'être heureux, et que les énergies doivent correspondre pour créer une expérience, vous n'avez pas d'autre choix que de vous sentir bien de quelque façon que ce soit, ici et maintenant, pour devenir un aimant puissant et victorieux.

Si vous demandez quelque chose avec un sentiment de carence, vous vous éloignerez de votre pouvoir de création. En revanche, si vous ressentez de la gratitude, car vous savez que vous l'obtiendrez, c'est ainsi que tout vous sera donné.

Votre but doit être votre centre d'attention, et même si votre réalité vous montre le contraire, ne le perdez jamais de vue. Parce que si vous pensez à ce qui vous manque pour l'obtenir, vous alimenterez la carence au lieu de la solution et sans le vouloir, de façon inconsciente, vous continuerez à creuser un grand fossé entre vous et votre désir. Et plus vous vous éloignerez de ce que vous désirez, plus vous ressentirez du mal-être et moins vous y parviendrez. **Fermez les yeux sur ce qui ne vous plaît pas et concentrez-vous sur ce qui vous satisfait.**

Votre désir ne pourra jamais vous rejoindre si vous ne lâchez pas l'énergie de "ne pas l'avoir".

Quand vous vous sentez mal, c'est parce que vous êtes en décalage avec votre Essence, votre vraie nature qui est celle du bien-être inconditionnel qui permet tout. Le mal-être crée une immense interférence avec l'énergie de toutes les possibilités. C'est une lutte entre l'esprit et le l'Être qui vous pousse à réfléchir et à vous inquiéter, tout en vous invitant à vous laisser aller et à vous détendre.

Laquelle de ces deux énergies voulez-vous renforcer et continuer à créer ?

C'est à vous de décider : rester dans la densité ou vous élever vers la légèreté.

Respirer ou soupirer ?

Votre réalité dépendra toujours de votre clarté d'esprit. Plus vous saurez ce que vous voulez, plus vos sentiments seront intenses, et plus vous renforcerez votre pouvoir de création.

Arrêtez de vouloir "attirer", car cela vous donnera le sentiment d'être séparé de tout ce que vous souhaitez, et commencez à découvrir la puissance de votre Être pour voir la magie opérer.

11

Numéros magiques

Changez votre vie au plus haut niveau.

Le mystère des nombres a toujours attiré et fasciné les plus grands intellectuels, philosophes et scientifiques. Leur puissance infinie ne cesse de nous étonner, car tout ce que nous voyons, sentons et respirons possède une symbolique numérique.

Grigori Grabovoi n'est pas seulement un grand scientifique russe, il a également fait la différence par sa lumière, sa capacité à guérir et son intelligence. Aujourd'hui, il est considéré comme un génie révolutionnaire dans le monde entier et, grâce à sa théorie, il a pu prouver que la réalité peut être transformée.

La technologie de contrôle de la réalité du Dr. Grabovoi est une technique qui démontre comment, grâce à la conscience de l'âme, nous pouvons rétablir une harmonie totale dans notre organisme et dans notre vie, créer toute matière dans sa perfection et changer instantanément le processus énergétique négatif. Par exemple, retrouver la santé, régénérer et guérir les organes, relancer l'économie, rétablir l'équilibre financier, résoudre toutes sortes de problèmes...

Cette méthode consiste à visualiser et à se concentrer pendant trois minutes sur une ou plusieurs séquences numériques à l'intérieur d'une sphère argentée, car elle est le symbole de la norme, c'est-à-dire de la Perfection Universelle.

Chaque nombre et chaque espace possèdent sa propre vibration énergétique, il est donc essentiel de les respecter lors de leur visualisation et prononciation.

La foi et la constance seront vos meilleurs alliés pour obtenir les résultats souhaités.

Dans les livres du Dr. Grabovoi, vous trouverez toutes les séries numériques correspondant à chaque thème (santé, économie, travail...).

Quelle que soit la théorie, vous pouvez vous laisser guider par votre intuition et créer vos propres visualisations avec les différentes séries numériques comme vous le souhaitez et le ressentez.

Si vous aimez les chiffres, que vous vous sentez à l'aise avec eux et que vous souhaitez expérimenter cette technique, n'hésitez pas à commencer par ces exemples de séquences numériques :

- **741** : Bien-être et bonheur éternels

- **318 798** : Abondance financière

- **1814321** : Santé parfaite

- **1888948** : Rétablir la positivité
  Cette séquence doit être répétée comme un mantra, au minimum trois fois, chaque fois que vous vous sentez triste, mélancolique, en colère et fâché.

Les chiffres peuvent aussi être écrits sur le corps, sur toutes sortes d'objets, etc...

Lorsque vous découvrirez qui vous êtes vraiment et tout ce que vous pouvez créer, alors vous aurez tout gagné.

Conclusion

N'oubliez jamais que votre Foi est la base fondamentale pour le succès et le bon fonctionnement de chacun des rituels que vous entreprenez.

La magie dépendra toujours de votre FOI pour fonctionner !

Sans FOI, il n'y a pas de résultat. Sachez que vous-même faisant partie de ce Tout, votre intervention est indispensable pour que les énergies puissent jouer en votre faveur. Il ne suffit pas juste d'allumer une bougie ou de dire une prière, il faut collaborer en donnant le meilleur de son Être, c'est-à-dire, sa FOI. C'est la seule chose que l'Univers exigera de vous pour que la magie soit.

La baguette magique est votre intention, alors ? Faites attention à votre intention ! Comme je l'ai mentionné au début, il est très important de faire les choses pour le Bien et non pour le mal, en croyant de tout son cœur au pouvoir des énergies positives des Lois Naturelles. Pensez à nettoyer, guérir, purifier et résoudre, mais jamais à combattre et à attaquer. De cette façon, vous éviterez de donner de la force à tout ce qui est négatif.

La peur est ce qui nous maintient emprisonnés dans la souffrance.

La peur est effrayante et c'est ce qui vous maintient bloqué dans un niveau vibratoire bas, vous empêchant de voir les solutions et de profiter de toutes les merveilles que la vie a pour vous.

La meilleure chose que vous puissiez faire pour empêcher une énergie malsaine de vous nuire, c'est de ne pas la craindre, donc de ne pas la laisser entrer dans votre vie. En ne l'alimentant pas avec votre peur, vous l'empêcherez d'entrer dans votre réalité, créant ainsi un très puissant bouclier de protection. Lorsque quelque chose vous fait peur, soyez conscient que ce sentiment désagréable que vous émettez, la seule chose qu'il fera, c'est d'attirer de plus en plus de choses négatives, vous éloignant de tout ce qui est positif. C'est juste une question de choix : parier sur la peur ou sur la liberté... vous décidez... **Vous êtes le créateur de votre réalité.**

Et qu'en est-il de la peur de se tromper ?

N'oubliez pas que vous êtes toujours protégé, guidé et aimé, que tout ce qui vous arrive est POUR VOTRE BIEN, pour votre apprentissage et votre développement personnel.

Il n'y a pas d'erreur pour ceux qui veulent le voir comme un tremplin. L'erreur est simplement une étiquette que notre Ego décide de coller sur notre processus d'évolution.

Ne tombez pas dans le piège de votre pensée, car cela vous fera oublier qui vous êtes vraiment.

Libérez-vous de la peur sans peur !

Note personnelle

A travers ce livre, je voulais apporter un brin de magie à votre vie, faire en sorte que tout vous semble plus léger et amusant. Je tenais à vous faire sourire, avec l'envie d'oser vivre de nouvelles expériences, de réveiller l'enthousiasme de votre enfance et raviver l'étincelle dans vos yeux.

A travers ce livre, je voulais que vous deveniez, pour quelques instants, le magicien de votre réalité, afin que vous puissiez continuer à rêver et à créer encore et encore.

Mais surtout, je voulais vous rappeler quelque chose d'essentiel que nous avons tendance à oublier... VOUS N'ÊTES PAS SEUL... et vous ne le serez jamais. La Nature et la Divinité sont à votre disposition pour accomplir les mille et une merveilles à vos côtés et vous montrer que vous êtes venus ici pour briller, grandir et évoluer.

Merci de m'aider à m'élever et à comprendre que lorsque l'on apprend quelque chose, on donne vie à une nouvelle question... Nous sommes tous porteurs de Lumière et des apprentis éternels.

Votre soutien maintient cette flamme qui m'inspire tant à continuer à écrire, tout en nourrissant mon insatiable désir de découvrir et partager avec vous le miracle de la Vie.

Je sais que je suis une énergie créatrice, car je ne me sens bien que lorsque je circule en toute liberté, sans que rien ne me freine, me bloque et m'empêche de Vibrer, de Voler et de Briller.

Merci, merci, merci du fond du cœur.

Magali Mulet Casanova

Si vous souhaitez me contacter, vous pouvez le faire sur :

www.soinangelique.ch

Printed in France by Amazon
Brétigny-sur-Orge, FR

18476393R00048